漸進のすすめ

実社会にでようとするひとへの応援歌

寺本 秀行

東京図書出版

漸進のすすめ

実社会にでようとするひとへの応援歌

◇

目次

第一部

仕　事

第一章

生活者が学ぶ意味とは

これから数年中に新社会人となる方々を主な対象と想定し、お話しすべく筆を進めます。

勿論、もっと若い方や社会人の方や悠々自適の方などにも、読んで戴ければ幸いです。

さて、多くの方が「なぜ学ばねばならないのだろう」と感じたことがあると思います。

私も何度も覚えがあります。

そこで、なぜそう思ってしまうものなのかについて共通認識化します。

まず単純な話、十五歳頃から三十五歳頃までは「最適繁殖期」だという側面があります。

そして、この時期は友人関係が何よりも大切です。仲間と過ごす時間が最高に思えます。

あるいは、そこが居場所の全てに思えたりもします。

実際は、居場所はいたるところにあるのです。自分が居易い場所は他にもまだあります。

社会に出る前は特に貴重な時期ですから、「自分なりのありよう」で過ごしてください。

それでは、本題に入りましょう。ここから、学ぶ必要性ではなく学ぶ意味を考えたいと思います。

まずは側面から。「たのしむ」について考えることから始めましょう。

愉しむということと楽しいということには、何となく違いがありそうな気がしますよね。海外の都市を訪ねるとして、旅行会社企画で気軽に楽しむことは勿論一つの選択肢ですが、そこが仔細に著されている小説を読み空想を膨らませたり、地図を睨んで歩く道順の景色を想像したり、様々な準備が愉しく、旅行そのものが一層愉しめるという場合もあります。

昔は、時刻表を何時間も眺めて日本中を旅する人がかなり居ました。私もその一人で、何時間でも眺めていられたことを思い出します。もっとも、小学生で近畿圏内、中高生で九州や東北にまで、実際に同級生とでかけていましたが。

以下でも若干触れますが、準備をして愉しむことと、準備をしないで愉しむことには、それぞれ、方向性の違う「愉しみ方」がありますが、一方しか選べないのは残念ですね。「いずれも愉しめたらなあ」と思うことがしばしばあります。

閑話休題。能動性についてです。

能動的に付加的に取り組むと愉しみが増すのはよくあることです。遊びも仕事も準備で達成水準が高まりますが、何も予定しないで南の島に寝そべることで得られる深い満足は仕事には当て嵌まりません。予習をする、準備をする、想定問答をすることで仕事の質は飛躍的に高まり、事後の満足感も相応なものです。

ここでいう予習をすることは、意識をするしないにかかわらず学業や読書や見聞によっても備わってきます。

基礎能力が高まってゆくということです。

この愉しむ基礎能力を高めることが学ぶ目的ということになります。

腹落ちされましたか。

まだまだ納得がいかない方も多いでしょう。次の切り口に移ります。

「自分に負荷をかける」と愉しみの効果を高める、ということには気づいていますよね。

部活動で持久力を鍛錬した後、定期試験の後、解放感と共により一層愉しめるでしょう。

社会人も同様です。週末には大いなる解放感が待っており、趣味や交友に心が躍ります。

金曜日まで何もすることがなく過ごしたとしましょう。週末の愉しみは深まるでしょうか。

実はここには違った要素もあります。鍛錬の後に愉しみがある、鍛錬にも愉しさを感じられるか。思い出してください、持久力が高まったことにより試合終了まで高い運動能力を保ち勝利に貢献できた時には得も言われぬ充実を味わったでしょう。負荷に耐えられる体力がついたことは、鍛錬の苦痛も和らげ、試合の愉しさを深めているのです。

丁寧に分類をしてみると、鍛錬そのものに感じられる愉しみ、鍛錬によって達成される成果の愉しみ、鍛錬の後の解放の愉しみ、ということでしょうか。

これはお祭しの通り学習についても同様のことが起こりますし仕事にも当て嵌まります。空腹は最高の調味料である、というような話にも聞こえますが、少し違います。要するに、愉しみながら鍛錬する、鍛錬しながら愉しむことが、継続の秘訣なのです。

ここで、少し私的な話をさせて戴きます。

私は私立大学の政治学科を卒業し同年化学系企業に就職しました。それから約四十年も同じ企業に勤め続けたことになります。昔はそういう人が多かったのです。

そして今最も後悔するのは「なぜもっと学問に打ち込まなかったのか」ということです。仕事をしながらでも学問に取り組むことは可能でしょうが、就業して少なくとも十年以上どっぷりと仕事に浸かって取り組み日々充実していましたし、その期間は「最適繁殖期」の総仕上げの時期でもありました。これはまさしく言い訳なのです。学生時代同様に学問への関心度は、残念ながら低かったと言わざるを得ません。

その私が、自分のことを棚に上げ平然とこんなことを申し上げるのも、遅ればせながらそのことに気づきまして、四十歳を過ぎてから猛然と本を読みだしたことによって現在があるからです。

学生時代から、学術的なものの見方をもっと鍛えておいたなら、生活者としても社会人としても、もっと充実できたのに、ということが先程の後悔の内実です。

尚、誤解を恐れずに申せば、学術的なものは学力的なものとは異なる概念です。後者は高い方が良いのかもしれませんが、前者の見方にとって後者は必要条件ではありません。

ではなぜ学術的なものの見方が仕事の進め方に影響を与えるのでしょうか。

仕事には日常対処的なものと抜本改革的なものがあります。業務遂行的な日常対処にもそれは活かせるでしょうが、なんといってもより有効なのは改革的な仕事を行う場合です。あるべき姿と現況との乖離が問題ですから、目指す頂への登り方について仮説を立てることが必要になります。この時にいくつのどんな計画が思い浮かぶか、これを助けるのが学術的な思考です。なにも学問を追究せよと言っているのではなく、広範囲の読書経験があれば、独りでに思いつくものなのです。何と何をこう結びつけて、という過程ではなく、土壌があれば、仮説としての試行案が、瞬間的に、面白いように、浮かんできます。

重ねて申し上げます。広範囲の読書経験は非常に大切です。

ここで少し寄り道をして、経験という財産についても検討をしておきましょう。

様々な現場で困難を克服した経験、これは仕事を進める上で何にも代えがたい財産で、その時の臨場感と切迫感が克明に記憶に残ることが克服経験を活かす根幹をなすことは、その通りです。しかし、無意識ではあるものの克服できた活動の経緯は、実は記憶の中に「言葉としての保存」がなされています。なぜうまくいったのか振り返り説明することが可能です。困難だった度合いが高いほど雄弁に語れる筈です。これが重要な財産です。

現場体験もしっかり学術的な思考を支え、またそれに支えられて次の思考が生まれます。

並行した経験として広範囲の読書があれば、更に体系的にその現場経験が把捉されます。

人間の脳というものは素晴らしいものです。順序だてた読書でなくとも乱読で十分です。その体験が糧として刻まれます。読んだ本の要約などできなくても糧として沁み込みます。

貴重な時期を愉しみつつ、騙されたと思って片っ端から広範囲に読んでみてください。

第二部で詳説しますので、ここは現場での克服も広範囲の読書も財産と認識しましょう。

それでは、仕事についてもう少しお話を続けます。

自身で起業をすることも勿論選択肢ですが、ここでは雇用される前提で話を進めます。

雇用された当初は言われたことを熟すことで精いっぱいですが、仕事を進める内に疑問が湧いてきます。もっと効率的にできないか、もっと精確に熟す手法はないか、お客様に訴求される仕事っぷりとは、さらにはこの業務そのものは必要なのか、といったものまで含まれます。その時に「これを試してみよう」という発想がどれだけ沢山思い浮かぶかが、勝負です。勿論、理想と現実の乖離を問題と認識し、解決策の仮説を立てるということが王道ですが、割り当てられた仕事につき「小さく試行して確かめること」なら思いつきで試みることが可能です。やってみて良ければ更に深掘りし、だめならさっさと別の手法に切り替えれば良いのです。

うまくいっても、いかなくても糧です。したがって沢山思いつくことがとても重要です。日常的な試行を繰り返す回転数が高まれば、早く目標の仕事水準に近づく筈です。

経験の積み重ねによって発想は豊かになりますが、広範囲の読書経験を重ねれば加速度がつきます。現場経験や読書経験を積むことが、何十年という間に大きな力になります。

それでは、なぜ乱読をお勧めするかと申しますと、それが課題解決に向かう際の発想に大きく寄与するからです。なぜその私案に導かれたのか判らない場合が殆どでしょうが、中には、あれとこれを認識していたからだなと思い当たる場合もあります。

私案の生まれる過程とは、どのようなものでしょうか。

認識するものたちを材料としますと、現場の困りごとは触媒の働きがあり、材料同士を化学反応させて新しいものが生まれるというわけです。そういうことならば、できる限り様々な材料があった方が生まれるものの多様性も高まることには納得性がありそうです。

それでは、読書の対象は何が良いのでしょうか。

企業活動のための啓蒙書からも勿論直接的な知識を得られるのですが、むしろ自然科学や人文科学によって発想の多様性は鍛えられます。前者は知識として、というよりも解決のための一案として記憶に蓄えられますが、後者は後々化学反応するかもしれない材料の立場で蓄えられるからです。一見では企業活動に何の役に立つのか判らない材料の方が、かえって化学反応を起こし易いというわけです。欧米流の経営指南は「知っている価値」としては重要ですが、化学反応の材料にはなりにくいものです。似ていて異なるものには、米国で出版され世界中で読まれている「仕事の取り組み姿勢」を説いたもの、同じように「人財育成の心構え」を述べたもの、「生産工程の脆弱点」を浮き彫りにしたもの、などがあります。また、日本で執筆されたものにも、企業家による『実学』や『経営学』、などがあります。

それから、読まないよりも読んだ方が良いですから、一般の週刊誌でも結構ですので、とにかく活字を沢山仕入れることが重要です。

愉しむこと、基礎能力、鍛錬、財産、化学反応、と辿ってきました。

結局、経験を積めば積むほど基礎能力が高まり、結果として愉しみも深まるということ。なんだ当たり前のことじゃないか、そうなのです。鍛錬にも、仕事にも、愉しみの要素を含みこませるには、経験の拡がりと深さがものをいうとの解釈にも繋がってきます。

漸く、「生活者が学ぶ意味」を考える準備ができました。

就業して報酬を得ることは生活者の必須条件ではありませんが、理解し易いものです。そして、より納得性の高い仕事を遂行できることは、生活者としての満足度も高めます。

また、就業していない生活者も、日々の充実感を高めるには、やはり経験の範囲と質が重要な要素になります。思いついて実行してみる、記憶を辿って再調査をしてみることが色々な活動に精気を吹き込みます。

それでは、なぜこのような能動性が重要なのでしょうか。

自分では「人づきあいが煩わしい」と感じている方にとっても、充実感の源が実は他者との交感の内実にある場合が殆どなのです。

趣味や運動についても、「自分一人の中だけで完結させたい、他者には一切知られたくない」と思っている方はおられないのではないでしょうか。たとえ間接的にでも、他者に伝わることを期待し、自己満足でも進歩を伝えたいとか、思い込みでも交感したいのでは。また、自覚をしていない場合でも、交感に備えて水準を高めておきたいのかもしれません。しかしそれより「学ぶ意味」として重要なものは、「心が波立つ経験」かもしれません。行動の経験値として波立つこともあるでしょうし、読書体験で「波立たせることば」に出会うこともあるでしょう。

私の場合は「また波立たされたいから、もっと大きく波立たされたいから」というのが読書をする最大の理由です。そのことばに出会った時の幸福感の記憶と、「まだ知らない凄いことば」への渇望から、多くの時間を読書に振り向けたい、となります。

読書経験がある閾値を超えると、経験同士が響き合うことが増えてきます。

こうなると、「自分なりに創造されたことば」が浮かんできますので、走り書きで記録しておきます。何に使うわけでもないのですが、何となく溜めておきたくなるのです。

それら創造されたことばは他者との会話に自然と現れますし、「波立たされたことば」についても正確性はともかくとして、伝えたくなります。

「自分なりに創造されたことば」は「自分なりのありよう」を基に生まれてきます。

「自分なりのありよう」は、一般的に言われている長所であっても短所であっても良いのです。というよりも、じぶんそのものが個性なのですから、それを深掘りするのです。

活用できない個性はありません。

化学反応で生まれた私案が、「自分なりのありよう」を基にしているとすれば、一層の愛着を覚えるのではないでしょうか。

愛着を覚える基盤とは思えない「自分なりのありよう」も立派な個性ですから、追求を続けてください。

行動の経験値は勿論大切ですが、「波立たせることば」に出会う経験についても、是非高い頻度で数多く蓄積していって欲しいのです。

勢いをつける意味では、まずは学術的香りのする新書を百冊読むことをお勧めします。

今何かに役立つことだけに関心があるわけではありませんから出会いがあるはずです。
生活者が新たな経験を積むことは、生活そのものに潤いを与えるものです。
いくつであれ、年齢に応じた新たな経験が可能です。今が「はじめどき」なのです。

第二章 労働と任務は異なるか

これから述べることは、一般に表現されている区別ではありません。あくまで私の持つ感覚的な違いを説明してゆきます。

また、両者に好き嫌いを示したり、ましてや優劣を示すものではありません。あくまで私の持つ感覚的な違いを示します。

皆さんが新社会人になる前に「将来はどんな仕事をしたいのか」を思いめぐらすために、予め認識しておいて欲しいのです。


労働とは、受動的なもの、方法を指図されたもの、日常対処的なものです。

受動的なものは、開始の合図を指示者がするものです。指示者は人間である場合もありますし、始業の鐘である場合もありますが、予め決められた仕事です。

方法を指図されたものは、説明書を見ながら模型を組み立てるような仕事です。

勿論、より美しく作るとか、早く完成させるとか、出来栄えに優劣は生じます。工夫の余地がありますし上手下手も生じるでしょうが、創る要素はどうしても少なくなります。ここで大事なことは、精度の高い仕事、納期遵守の仕事などによって高い信頼性を得ることです。これができる人は重宝されます。

日常対処的なものは、相手や対象物が様々で、それなりに工夫が要ります。

ここで重要なことは、機転が利くかどうかと、印象の良し悪しです。

どうしても、社内外に評判の良い人と悪い人に分かれてしまうのですが、良い人は電話にも「声の笑顔」が感じられます。

但しこれらは、熟す、捌くものという実態にあり、能動的なものとは言えない仕事です。また、これらの労働は互いに重複したり干渉したりしますので、区分ではありません。

仕事を熟す、捌く人が労働者ということになります。

任務とは、能動的なもの、創造的なもの、「明日をより良くしようとする」ものです。

能動的なものは、予算とは別に、各工程への順路や納期などを決めて進めるものです。たとえ与えられた仕事であっても、能動的に取り組むものには、部活動で鍛錬した結果が試合の得点に繋がるような、愉しみの要素があります。だから深掘りしたくなります。

創造的なものは、「独自性というかたち」になって残ります。試作品のようなもの以外にも、図面や企画書などによって画像や言葉が残ります。そのひとつひとつに創った人の署名がされている、画家のそれのように特異な「しるし」があるようなものです。ここに自分らしさが表れている、ということは創った人にはよく解っているのです。

「明日をより良くしようとする」ものは、あるべき姿と現況との乖離を問題と認識して、どうやって漸進させるかに知恵を働かせます。一挙に解決する手法は殆どの場合、多額の費用がかかりますので経営者に準ずる方による判断が必要です。どうやって漸進させるか、これを捻出することが仕事の醍醐味です。良い試案は、湯船や酒場で生まれ易いものでもあります。鍵になりそうな手掛かりが浮かんだら、是非走り書きに残してください。思い出せない時の悔しさは相当なものですので。

能動的に就業することができれば、あっという間に金曜日になります。出社拒否症にもならず、週末の愉しみに没頭し、心と体が再生されます。これこそが、良い循環ですね。何度も申し上げるのは、心と体の健康、特に現代社会では前者の健康がより大事だと思うからです。普段は息をしていることを意識していませんが、それを意識するや否や過呼吸になりそうな気がしてきます。意識をせずに週末を迎えられることがとても大事です。

もう金曜日か、と思えるということは、あくまで感覚的にですが自らの能力の八割から九割を使っているからです。少ないと「自分に対する不満」という無意識の断罪感が湧き、寝つけないなどの不調も起こり得ます。ほどほどならば、呼吸に気づかないように週末が訪れます。過剰だと、心身がもちません。勿論、人や物を動かせない事態、非常に大きな苦情を抱えた場合などは、火事場の馬鹿力のような奮闘をしなければなりませんが、程度の問題で、長くはもちません。

就業者への企業の期待値は、創造と異常事態への対処ですから、試案が沢山浮かぶことが重要で、良い試案を生み出す源は、今後も何度でもでてきますが、やはり広範囲の読書経験なのです。それが閾値を超えると、不思議なほど様々な試案が浮かんできます。脳内で勝手に化学反応しているからです。

労働を目指すか、任務を目指すか、を選ぶためにも、読書経験による判断は有効です。それがあれば、模擬的な想定が可能で、社会人になる前には自然にそれを行う筈です。

ここで、本論とは離れますが、業種と職種について、簡単に述べます。

選ぶ業種については、当然ながら様々な観点があり、好きなものに纏わるか、将来性を重視するか、定着率を参考にするかなど。職種についても、得意なものか、勤務地の範囲などと、社会に出る前には悩む方も多いと思います。

私の考えを述べますと、「選んだつもりでも先々のことはわからない」ということです。正社員には、原則的には、「どこでもなんでもやる」という使命があります。

どの部門のどの職種に配属されるかは分かりませんし、いつどのように異動するのかも予測はつきません。

私には、どの業種にも、どの職種にも、面白みがあるように思えます。

選考面接をしてきた経験からすれば、会った瞬間、遅くとも数分くらい発言を聴いた時、「一緒に働きたいかどうか」を判断しているように思えます。これは相性そのものです。

勿論、受ける方々からしても同じことだと思います。双方の相性が合うかどうかです。

それは合う瞬間が来るまでは解りません。

ただ、何系の業種をどの優先順位で取り組むかは自分の中で決めましょう。また、なぜこの業種と職種を希望するかは、しっかりした根拠を説明できるようにしてください。

わからない人も、自分に暗示をかけつつ、決めてください。

次に、自分の長所と短所について、判り易い説明を準備してください。

短所も「自分なりのありよう」です。結果として反転させる効果を示せば良いのです。

「細部に拘り過ぎる」という短所の場合、自分で認識しているので「費用対効果を考え、このくらいで止めよう」という制御に心がけている、など。

ここまで説明をしてきましたが、労働と任務も交代があり得るということでもあります。

つまり、労働から任務、任務から労働への異動を願い出ることも可能だということです。さらに今後は益々、就業における多様性と流動性が高まりますから、契約形態や職位の変動も起こり易くなります。

いずれにせよ、良い職場環境という視点で見れば、部下は「前向きな提言」を行って、上司は「幅広い機会」を提供し、効果的な意思疎通の循環が起こることが望ましいのです。世の中には「目安箱」のような情報空間を求める方向性があり、言いにくい環境下では威力を発揮するのですが、そもそもは言い易い職場風土を作れないからそうなるのです。大事なことは、互いに言いたいことを「率直に嫌味なく」言える風土を醸成することです。

書くのは簡単ですが、前述のことは新社会人からすれば「くじ引きのようなもの」です。外れくじを引いた、と思った場合には、次のことを確かめてください。

まず、その外れは、上司や先輩などの個人的なものでしょうか、それとも職場の全体を覆うものでしょうか。

次に、同期入社や年齢の近い先輩に、「他の職場はどうか」聴いてみてください。

近年は、早い年次で転職する例が増えてきており、勿論それも選択肢ですが「異動する可能性」を考慮しても我慢できないという判断でなければ、「数年前向きにやってみる」ということをお勧めします。

「やってみたら良く思えるようになった」という方の声も沢山聞いているからです。

「三日目、三週間目、三カ月目、三年目に辞めたくなるもの」とは、入社当時に先輩から聞いた話です。

仕事の遂行力は直線的には上がってきません。階段状とも言われますし、螺旋状という表現をする方もおられます。

ぐんと伸びる瞬間を味わうと、またその先へ進めるのですが、体験しないうちに気力が萎えると、出発点自体を変えたくなるのです。

幸いにも私は、日曜日の夜に嫌な気分、つまり明日は会社に行きたくないな、と思ったことは殆どありません。元来が思い悩む質ではないことと、九割の力での疾走を心がけてきたからかもしれません。

やらされ仕事だと思うと憂鬱かもしれませんが、「自分が方向性とやり方と次の納期を決めているのだ」と思うと不思議に前向きな気持ちになり、湯船や酒場で妙案を捻りたくなってきます。

もっとも、就業時間以外は全く仕事のことを考えない方が月曜日から金曜日まで進捗が良好だ、ということもまた真かもしれません。

自分に合ったやり方で良いと思いますが、成果を挙げれば愉しくなるものでもあります。

私はなにも洗脳的な心理操作をしたいわけではありません。

「目の前の筆記具を持とう」と決めない限りは決して動きません。たとえ怒鳴られても、自分が決めない限りは、絶対に勝手にはその筆記具は動かないのです。

逆に言えば、自分がやろうと思えば何でもできるし、なりたいと思う立場にもなれます。私がやり切れているわけではありません。「あれができないのは、やろうとする意志が弱いのだ」と反省したことが何度もあるからです。

意志が強ければできます。意志が強ければ努力の水準が上がります。

一流選手の活躍に目を見張るのも、その選手が強烈な意志で鍛錬した成果だからです。ただ面白いもので、傍から見ていると、なんか鷹揚に自分のやりたいようにやって成功しているな、という方もおられます。実は目に見えない奮闘努力に支えられているという場合も多いのでしょうが、稀に本当に鷹揚な成功者もおられます。

そういう方は、とにかく魅力的な方です。もって生まれた特性であり真似ができません。他人を見る眼が優しいです。笑顔がとても自然です。包容力があって話して愉しい方です。そういう方の傍には自然と人が集まります。交友関係が勝手にどんどん膨らんでいきます。そういう方は本当に稀にしかおられません。羨ましいですが、そう思って成れるわけではありませんので、このあたりでやめておきましょう。

さて、労働と任務についてみてきましたが、如何でしょう。腑に落ちましたでしょうか。案ずるには及びません。これからの世の中は、通年採用が増えるでしょうし、多様性をより大事にするようになります。

労働と任務の切り換えも要望できますし、転職することも可能ですから。

何よりも、最初は誰も何も解りませんので、解らないことを率直に尋ねれば良いのです。尋ねられて応えてくれない先輩や上司は殆どいません。二、三年間は聴き放題なのです。

第三章　最上位者は三十倍以内

海外企業を運営する人たちが、十億円以上もの報酬を得ていることが報道されますが、日本に住む我々には肌感覚としてよく判らないところがあります。野球選手の年棒格差も大きいのですが、超人のなせる業ですから別次元であり、気にはならないところではないでしょうか。あるいは選手寿命は通常の仕事より短いし、怪我との闘いだし、短期間での荒稼ぎは当然という気もします。物価や為替の違いも絶対値に影響します。

多くは、長い歴史を伴う「文化」や「価値観」などが異なるから比較にならないという感じがするものの、企業家となるとどうでしょうか。

海外であれ日本であれ、創業者が企業を成長させ十分な利益を確保している場合ならば、多額の報酬を得ているということに違和感はありません。

海外であれ日本であれ、二代目以降や一般従業員からの経営者が多額の報酬を得るのはどうですか。また、その経営者の独自性によって利益を数倍にした場合はどうでしょうか。独自性が大きかったとしても、創業者でない場合には違和感があるのではないでしょうか。

創業者でない場合には、新入社員の三十倍以内の報酬に留めるのが妥当な気がします。社内の理解を維持しつつ、三十倍なら報酬として充分です。

それよりも、機会均等。これが最も重要です。

優良事業経営者に育てられる場合、十分な教育を与えられることが殆どだと思われます。それだけでもう、厳密には機会均等ではないのです。そのうえに世襲で多額の報酬では、世間の理解を得られない気がします。

機会均等。これが社会全体の活力を生み出す源泉であると思われます。

機会均等で、やり直しも利く社会。これならば誰しも納得ができ、我武者羅に進む人も、下限よりは良いという水準を求める人も、同じ空気を吸って生活できます。業績による差が報酬に反映されるのは前提としてですが。

ここで問題になってくるのが、親の収入です。機会均等を阻む環境格差となります。生まれてくる子は家を選べません。

どうすれば今よりも状況を良くすることができるでしょうか。

ここで、登場するのが「相続の禁止」です。勿論様々な事情があるでしょうから例外はあるとして、原則としての禁止を考えてみます。

親世代の死後、資産は国庫に置かれます。その勘定は独立させ、いつでも誰でも総額や使途先や用途などあらゆる情報を得ることができます。

その勘定は、条件を満たす児童や学生の教育費として限定的に使われます。この仕組みが適正に運用されるには様々な監視が必要だと思いますが、機会均等を実現できます。

こういう社会なら、一人ひとりが「自分なりのありよう」で自分なりの愉しみもあって、納得して生活をしていくことができます。

こういう社会なら、多様性受容に理解がある筈です。一人ひとりの一念発起さえあれば、やり直しが利く社会でもある筈です。

「相続の禁止」は一代完結主義です。もらわない、わたさない。


さて、話を元に戻しましょう。

三十倍以内の報酬体系の下では、若くしての新事業立ち上げや大きな報酬を得ることは難しく、「企業内起業」のような方策がもっと試されるべきです。

新事業による利益貢献を果たす過程において「創業者的報酬」を受け取り、実績評価も残りますが、十年未満で後任にその席を譲ります。後任は初代ではありませんので、報酬は他の部署と同水準です。

「企業内起業」に失敗した場合の負の評価については、数年内に挽回できるような工夫が必要です。一度の失敗が何十年も足を引っ張るのでは、誰も新しいことに挑戦しようとはしないでしょう。

こうやって新企画を二つくらい大成功させれば、四十歳台で経営層に参画できるのではないでしょうか。

日本には資源がありません。画期的な新技術発明が苦手です。少子化が進行しています。こういう状況においても先進地域であり続けるために、次のような取り組みが必要です。この章の柱である機会均等に加えて、六十から七十歳台までの就業と共働きの拡大などで消費を増やし、日本が得意な「そこまでやるか」のきめ細やかなお客様対応を徹底します。

個人消費は全経済の半分を占めているのですから、できるだけ大勢で金を廻さなければなりません。就業者はまず第一に消費者として期待されています。

その業態が絶海の孤島と揶揄されるとしても、全世界に拡がる海外資本の業態では実現できない日本独自の業態を更に進化させ孤島内を維持拡大するとともに、受け入れられる海外においても展開します。規模は追わず、気に入られて価格の合う層にだけ提供します。

これらのことは、「日本という地域の特性」を良く理解する人々によって実践されます。

日本国でも、日本人でも、日本語でもなく、「日本という地域の特性」を宝に育てます。

これらは、日本さえ良ければ、ということではありません。詳細は三部で示します。

いずれにせよ、皆さんの大半は日本で仕事に就き、家族や友人の多くも日本の住人です。

「自分なりのありよう」で、まずは日本を元気にしたいのです。

次に、商品はどう創れば良いのでしょうか。

まずは、得意なものの特長を徹底的に磨き上げて追随を許さない水準に高めることです。

特長には、諸性能や耐久性や美粧性などの他に、お客様要望への適時対応力が含まれます。

そして、特長から派生する新しい商品を育てることです。

お客様、その先のお客様などに「こういうものが欲しい」「こういう困りごとがある」という話を聴くことを端緒にして、先方の思いとこちらの思いを衝突させることで発想が化学反応によって生まれる場合があります。

そんな場は「波立たせることば」に出会うという場でもあります。これだ、という感じですね。その後は、秘密保持契約を経て共同研究にも発展するかもしれません。

こういう仕事は本当に愉しいものです。労働も任務も超えた喜びがあります。

そして、創造。これに勝る興奮はありませんね。たとえ間接的な貢献でも良いのです。創造の現場に立ち会う経験は、とても貴重な財産になり、糧となります。

衝突の現場は、既知の関係性以外にもあり得ます。

展示会場での偶然の出会いや、想定外の業種の方との仕事以外の会話から、思わぬ方向へと発想は拡がります。

これは関係がないな、とは思わずに試しに衝突させてみれば良いのです。沢山当たれば反応の機会も増えますから。ぜひやってみてください。

大きな獲物を一本釣りでなくとも、小さな成功を積み重ねることも良い経験になります。小さく始めて、うまくいけば更に深掘りをして、うまくいかなければ止めれば良いのです。九割の確信があるなら誰でも始められますが、七割でできるかが勝負です。野生の勘が残り二割を埋めてくれます。

さて今度は、企業のおかれる環境などに目を向けます。

企業は、国際連合の提唱する『持続可能な開発目標』に賛同し実践することが求められ、評価される企業でなければ投資を集めにくくなってきていますし、業績にも反映されます。けれども、業績に影響が大きいから取り組むのではなく、法人としても就業者としても「成すべきだから成す」のです。企業の社会的責任がそうさせるという側面はありますが。

なぜでしょうか。一進一退や螺旋上昇かもしれませんが、世の中は漸進的に良くなっているのです。一人ひとりの理想とは乖離があると思われ、現況を評価するとすれば厳しいものとなるかもしれませんが、十年前よりも総合的には良くなっているはずです。長い歴史を眺めてみても、世の中は少しずつでも良くなってきていますしそうなるべきなのです。世の中は「成すべきだから成す」方向に漸進的に歩んでいます。

ということは、今はできないが本来はこうすべき、という問題についても少しずつでも前に進めなければなりません。

それを進めることは、結果として企業のためになります。

投資が集まり、商品が売れ、報酬が上がって、就業希望者が増え、求人が増えます。就業者は、言われなくとも『持続可能な開発目標』に向かって「明日をより良くしようとする」ことが肝要です。

利益を増やそうとする事業活動中に『持続可能な開発目標』を織り込むことは、生活者でもある就業者にとっても、より一層やりがいのある仕事になります。

次に間接的に社会貢献できる『事業継続計画』についてみてみましょう。

自然災害や供給不全などによって一時的に操業停止せざるを得ない事態に備えた計画を立案することを指す場合が多いのですが、予防と振替と復旧に分けられ、計画だけでなく実践が大事です。

　非常に地味ながら大事な、予防から確認しましょう。緊急事態の発生に備えその被害が及ぶ範囲を絞る活動が予防ですので、不断の漸進的な努力が重要です。ひと、もの、資金、情報を動かせない事態に備え、供給元や事業拠点や物流手段を複数化するなど、地味な活動をする就業者の成果を精確に評価する姿勢の有無が進度を決めます。良い企業は、これをしっかりと評価できます。

　緊急事態の発生に際して最も大事な対処は振替です。復旧が大事なのは当然なのですが、電力供給の回復など外部環境に左右される要素が強く、即自的に復旧させることが難しい場合も多く、いかに即自的に振替を実行できるかが、信頼性確保の要となります。

　ここが止まったらあそこに振り替える、ということが大まかにでも予防活動の中で決定できていれば、即自的な振替の可能性が高まります。

　振替先の候補拠点で同じものを製造できる可能性は、大別すると三水準に分けられます。過去に製造した実績がある場合。条件や基準に変更がなければ振替できる筈です。似通ったものが製造できている場合。専門家の協議により判断できる筈です。特性などから製造できるのではないかと思われる場合。より慎重な検討が必要です。

　いずれにせよ、普段から地道な予防活動により大別をしておけば、緊急事態に際しても即応できることから社内外に安心感を与えられますし、何より被災時に貢献できます。

緊急事態においては、如何に早く「本当に必要な順序に並べ直す」ことができるかが鍵を握ります。数日間に何が必要かを初動的な活動で短時間に明確化します。

人的な応援も含めて、緊急時の対応については訓練をしておくことも重要です。

そして、復旧です。外部環境、たとえば電力の復旧などは自分達だけではできないので、予め自家発電を備えるかどうかですが、情報端末の数台は携行の発電機と電波で動かせる筈で、電力の復旧を待つ間に、様々な準備をする必要があります。

清掃や、動力を借りた片付けを含めた環境整備と並行して、電気系寸断の有無を確認し、壊れた機器の部品交換や修理など、振替の期間を短縮し、元の状態に戻すべく、社内外の応援を得ます。

振替を受けている期間は、その拠点は例外的な高稼働になりますので、携る就業者への様々な支援を全社的に行う必要があります。

第四章

約束の確認と中間報告

日常業務には実行と報告について決められた周期があるものとして、ここでは新規業務における納期管理を取り上げます。

「約束を守る」ということが社会人の要諦ですから、業務と呼べない小さな依頼にでも、放置や失念なく、真摯に対応せねばなりません。

その業務の依頼者がお客様であれ社内であれ、基本は同じです。

お客様の定義については、「社内の依頼者や後工程も顧客である」という認識を求める企業も沢山あります。

自らに給与をもたらす人々は全て顧客である、雇用者から給与を貰うという意識よりも、顧客から給与を貰うと考えるのです。

社内の顧客概念は、「仲間だけれども顧客として遇する」というもので、総務や人事の立場からすれば、全就業者が顧客です。

それでは本論に入ります。

依頼への対応です。その中身とは何でしょうか。

まず、依頼の概要を確認し、さらに処置すべき内容の範囲や検討の深さ等を確認します。

そして、いつまでに完了させる必要があるかを確認します。

これで、その仕事の期待値について共通認識が得られます。

こう書くと大層簡単なことに思われますが、ここには勘違いや言外の前提条件有無など、最初から嚙み合っていない部分があり得ます。

技術的なやり取りであれば、検討条件等の詳細を数値で確認し合うため、大きな齟齬は生まれにくいでしょうが、口頭によるやり取りには「思い込み方の違い」が潜んでいます。できれば、走り書きでも構わないので、文字で期待値を確認し合う癖をつけたいものです。箇条書きで整理をしようとすると、自ずから条件や水準等を明確にする必要に迫られます。その迫られる感じが良いのです。安易に頼んだ側も、改めて聴かれると違和感があったり、依頼の仕方に不正確さを感じたりするからです。

依頼者は皆忙しく、悪気はなくとも、曖昧な如何様にも取れる要請をしてしまうことが、あり得ます。

さて、期待値を共通認識化するためには、的を射た言葉のやり取りが肝要です。

やるべきことを凝縮した必要十分な表現にするには、読書量が圧倒的にものを言います。口頭での確認であっても、共通認識化を重視すれば冗長な表現ではなく「一口に言って」どうか、が効き目があり相互理解に導きます。

必要十分な要素を含んで、尚且つ簡潔な表現で、依頼者が望む情報を、相互に誤解なく確認し合える、納得できる期待値を設定しましょう。

そして、もう一つ大切なことは、目的の明確化です。

依頼者がお客様であっても、その仕事がどんな意味を持つのかは良く理解したいですね。目的が明確ならば「より有効なひと工夫」を付加することもできますから、より良い出力にすることで、社内外に期待値以上の貢献ができる可能性も高まります。

「そういう方向性なら別の切り口の方が」と思った場合には、是非それを提案するように努めましょう。依頼者も気づかなかった潜在的な意味が浮き上がってきて、検討の方向を修正しよう、ということになるかもしれません。

こういう場合には、後々に依頼者から「あの修正が効いたね」と謝意を戴くこともあり、仕事への貢献度も満足感も増幅されます。

依頼の難易度や必要工数にもよりますが、出力の想定を図示しながら期待値との乖離がないかどうかを取りかかる前に確認しておくと、「こんなはずじゃなかった」を防げます。

当たり前ですが人間は一人ひとり違う人格ですので「思い込み方の違い」が結構大きいものです。それをそういうふうに考えていたのかと、驚くことがありますので出力の感覚への合意を、事の端緒に確かめられれば、無駄な仕事になるのを防げます。

出力については、依頼者が内容を把握できれば良いものと、更に依頼者が他の人々への展開を図るものでは、形式を変えた方が良い場合があります。

精度より速度、速度より精度、と要請の違いはあれ、結果さえ把握できれば良いものは体裁よりも中身ですから、依頼者が納得すれば良いのです。

一方、更なる展開が必要で、特に組織として承認を得たい事柄については「納得し易い魅せ方」の提案が求められます。

いくつも手法はあるでしょうが、代表例を示します。

大きい文字で結論を簡潔に示した第一頁の後に、その事由の頁、その背景の頁とします。数枚の報告書で終わらせて、質問に応える要素は「参考資料」として巻末に備えつけます。

職位の高い人ほど多くには目を通してくれません。

第一頁で基本的な納得に至る魅せ方に注力しましょう。

これで、その仕事の期待値について、本当の共通認識が得られます。

そして、その先は仕事を完了させるだけ、ではありません。

ちょっとした調べものではない新規業務を想定すれば、それなりの取組期間が必要です。ということは、依頼者は待たされるわけです。そこで待つ側の気持ちになってみましょう。納期は先だとしても、何の反応もなければ、本当にやってくれているのか、順調に進んでいるのか気がかりですよね。

ですから中間報告をするということは、潜在的にであったとしても依頼者の側に立てば期待していることなのです。

中間報告の時期は、三分の一程度の通過時点で一報、三分の二では続報、が望まれます。一報を伝えるに際しては、このまま進めても良さそうかどうかの見通しを伝えることを主眼に置きます。

報告を受けた依頼者は、取り組みの方向性に修正が必要かどうかが判りますので、早めの修正や続行の指示ができ、組織としての運営もうまくいきます。

うまくいきそうにないことが判れば、三分の一に拘らず可能な限り早く一報すべきです。間違いならば、素早く修正して新たな取り組み方で挽回することが、とても大事ですし、依頼自体がなくなったり、全く異なる期待値に変更される場合もあります。

うまくいきそうだ、という場合には完了時期を早められるかどうかも併せて報告します。どんな成果になりそうかまで判れば、推定成果を報告することも有効です。

とにかく判断する職位の人は忙しいですから、早く感覚を掴みたいものなのです。続報については、精度の高い見極めができたのならば全検討を終えずに、そこで完了とする場合もあります。

依頼者も検討者も忙しいですから、完了が相互確認できれば早く次の仕事に移れます。更に検討を続ける場合には、出力形態と納期の修正が必要かどうかも、続報に含めます。

これで漸く完了に漕ぎ着けました。

完了版報告書は、端緒に相互確認した通り、簡潔な数枚で、判り易い構成でまとめます。

そして、依頼者の期待値にどの程度到達しているかは是非確認する必要があります。

報告内容の相互確認によって、依頼者からの評価も定まりますし、依頼者との協業への信頼感も醸成されます。

また、出力によって展開された次段階の成果次第では、元の検討への評価が更に高まることもありますので、双方にとって価値の高いものを目指しましょう。

ということで、依頼とは、潜在的なものも含めた期待値と納期から構成されています。

頼む側も頼まれる側も、的確な相互理解を目指し、相手の立場をよく考慮した上で確認をしつつ、依頼の受け渡しを進めたいものですね。

そういう関係が確保されて、成果が積みあがると、互いの信頼は高まり、「困った時に助けてくれるのはやっぱり貴方ですね」という流れになります。

そういう関係は、社内外を問わず貴重なものです。相互に効果的な「仕事のやり取り」ができて、良い意味で依存し合える関係となります。

第五章

工夫をし成果を愉しむ

仕事編の最後は、またしても愉しむことです。

やるからには良い結果を残して、その成果そのものを愉しみましょう。

そう考えれば、高難度の仕事に対しても煩わしいと感じるより意欲が先行するものです。

更に当初の想定以上に奏功しそうな状況になった時には、胸が躍るような感覚を味わえ、社内外の期待以上に応えられそうな予感に「波立たされる」ことになります。

他方、その気構えがないと、日曜の夜「明日は仕事したくないな」となってしまいます。

そうならないために、自身の中に秘訣を確保し、何時でも意欲的に取り組める臨戦態勢を準備することによって、弱気の虫や悲観的な受け留め方を打破しましょう。

備えあれば憂いなし、です。

成果を愉しむ方向性には、自分の中で体系化し呼び出し易くし事例を更に活用すること、同僚や後輩への活用提案を通じて組織としての対応力を高めることがあり、共に重要です。

いずれも、うまくいった事例に記号や番号をつけて整頓しておき、再び活用をする際に目当てのものに素早く行きつけることが重要です。見つからないと煩わしく思われますし、探す時間そのものが非生産的です。

整頓するための記号や番号の体系は、試行錯誤しながら自分に合ったものに逐次改変をしてゆきましょう。

前置きが長くなりました。本論に入ります。

工夫を検討する前に、その課題への切り込み方について、例示しておきましょう。

まず何といっても、検討対象の部門や分野や商材などについて競合他社との比較をして、自分達の立ち位置を関係者間で共通認識化する必要があります。

よくある手法としては強み、弱み、機会、脅威の認識と夫々の交点を吟味することです。前提として、市場規模と占有率、採算見通しなどの数値を睨み検討すべきで、その信憑性についても記しておくべきです。

自分達がどんな位置に居るのか、可能な限り正しく把捉することは、必須要件です。

続いて、費用対効果、投資回収期間、伴う危険性と度合い、など様々なものがあります。

連結経営から俯瞰し、将来性、可能性、危険性を総合的に判断することです。全体最適の視点から不整合がないかもよく確認しましょう。

一方で、法令や政令の遵守確認が大前提であることは言うまでもありませんので、企画の内容が、それらと齟齬をきたさないか、判断にお墨付きを得ておきましょう。

また、社会の要請にどの程度応えられるかについても見極めが必要です。

国際連合が提唱し各国に評価されている持続可能な開発目標を含め、企業への期待度は今後益々高まるでしょう。

ここでは、生活者の潜在的な期待値を掘り起こす業務が求められていると仮定します。

現場に赴いての懇談などによって得られた情報について、提供者との意見交換会を催す場合には、対象と設定の仕方を工夫して、「質の高い教育をみんなに」、「住み続けられるまちづくりを」などの前述の国際連合目標に貢献できる可能性があります。

義務教育校との協業などを通じて、学校と産業との連携で開かれた双方向の会合を開催できれば、「考える教育」に貢献できます。

将来を見据えたまちづくりを模索する自治会などとの協業を通じて、その地域の特性に応じた「持続可能なまち」の在り方はどうかなど、生活者側の視点と就業者側からの視点が出会うことによって、魅力的な企画が生まれる可能性があります。

これらが進展すれば、例えば社会貢献をしつつ「持続可能な利益確保」とも両立できる協業、を継続できるかもしれません。

さて、次は工夫の話です。

企画書の体裁は、1．1）①、3．2）④など、どこを指しているのかが判るような採番をしておくと便利です。また、下位層に移る場合には改行し一文字空白を設けておくと見易くなります。

文字の大きさは資料の性質によって変えましょう。端末で見たり会場で大映しする場合、太く大きな文字を使いましょう。話す部分だけに色をつけ注目を集めることも効果的です。いずれにせよ、書かれたものを全て読み上げるのでは、聴く人の集中力を保たせることが難しいため、伝える言葉を厳選し、声の強弱をつけて、強調する部分はゆっくりはっきり、『お、も、て、な、し』のような強調が聴く人の記憶に残ります。

また、書かれていない「関心を惹く」実例などを、行間で一、二点取り上げると印象に残り易く、理解もされ易くなります。

「あの実例についての関連資料が欲しい」という要請を受けるなど、その後の展開に寄与できることも少なくありません。

書類として提出する場合には、判り易さや見易さも勿論重要ですが、格調の高い言葉で、落ち着いた論調で記しましょう。十年以上保管され都度参考にされる場合もありますから。

口頭による説明や説得をする場合でも、一枚に纏めた骨子文書を準備しておき面談後に必要に応じてお渡しできるようにしましょう。

今世紀からの傾向として、かなり重要な報告についても、端末発信の本文によるもので済ませてしまい、後々にその結果を探し出せず再確認ができない場面を、度々目にします。電子書類で作成し所定の場所に採番して保存することを励行すべきです。


さて次は、検討の工夫についてです。

誰しもが必要項目だと考えるものについては、参考資料として巻末に備えつけるとして、聴く人にとって「説得させられる訴求点」は何かを徹底的に思案することが最も重要です。その論旨と事由が明確なら、判断への道程は短くなる筈ですので、是非相手の立場で吟味をしてください。

鍵になる訴求点が決まれば、織り込む独自性につき、話すべき項目群から絞り込みます。言わなければならない重要事項はいくつかあるでしょうが、その中でも特に強調したい独自性のある事項は何なのかを決めるということです。これのない企画や提案は、印象に残らないものになるでしょう。

全く新しい取り組みや提案であれば、そのものに独自性があるので良いのですが、そうでなくても独自性を捻出しなければなりません。

いくつかの手法を組み合わすことによって、新たな特長を生み出せないでしょうか。

いくつかの経路を一本化する、また逆に分岐することによって、ではどうでしょうか。

社内業務を社外に移管し経費化させることで、人件費などをより必要な部門に振り替えられないでしょうか。

社外に支払う経費を連結内に取り込めないでしょうか。

そのほか様々な切り口を駆使して、独自性のあるものにしましょう。

いずれにせよ、その活動によって連結経営に成果をもたらすことができるかです。

成果は、「お客様が欲しい商材や任せたい業務」によって営業利益に貢献するか、連結経営内の経費を削減するか、によってもたらされるものがその代表です。

連結経営に貢献できた仕事だから成果であり応用などを通じ更にそれを愉しめるのです。

勿論、「良い風土醸成」などの無形の成果もありますので、「今日より明日を良くする」ことが「本来の仕事」ということになります。

どうでしょうか。

工夫をして成果を愉しめそうでしょうか。

ひとは、「忙しい人に頼む」傾向があります。手際よく課題に対処できる人のところに、仕事は不思議なほど自然に集まります。

ひとに頼りにされる、ということは就業者の矜持です。
ひとに頼りにされると、更に貢献したくなります。そして、好循環が生まれます。
工夫をして成果を愉しみましょう。

第二部

自　習

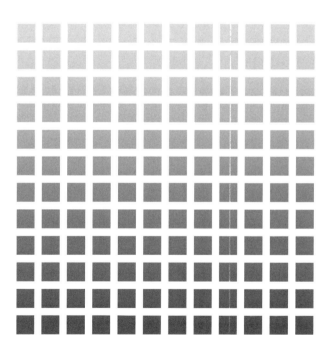

第六章

急斜面の後には緩斜面

社会人としての学びについて、読書を例にとって話を進めます。

また読書、ですが暫くおつきあいをお願いします。

凸凹の急斜面を滑った後は、中斜面はゆったり滑ることができ、緩斜面では休憩できる、という話ですが、力点は急斜面にあります。

部活動で持久力を鍛錬する話をしましたが、読書も同じです。

常に意識して、実力水準よりも二段階難解な本を読んでください。

難解なものの代表は哲学書です。総じて、哲学書、哲学研究書、哲学解説書の順に後者ほど読み易くなります。図書館であたりをつけることも選定に役立ちますが、古書で十分ですので、幾つか買ってみてください。

哲学書を一冊読み、その哲学者についての解説書を読み、できれば研究書も読んだ上で、端緒の哲学書を再読すると、言葉や文脈が相当違って感じられます。前回よりも解る感じを愉しめると、他の著作や他の著者への意欲が湧いてきます。

哲学書に限らず、読みにくいものに出会うと苦痛を感じますが、いつか感慨を味わえると思って辛抱して鍛錬をしてみてください。部活と同じです、いつか、ある程度は熟せるようになります。不思議ですが端緒の困惑とは違う認識になってきます。

そして、難解なものだけではなく、丁度よいもの、気楽に楽しめるものも、同時並行で読みます。それらは、乾いた喉に沁み込む水のように、深い理解と伴に味わえる筈ですし、いずれのものにも、心を「波立たせることば」に出会える機会が待ち構えています。

ある言葉に出会った時に、得も言えぬ高揚を感じることがありますよね。これを蓄えていきます。

「波立たせることば」を発見した時に、いいものを貰ったな、と感じますよね。それが糧でもあり収穫でもあるのです。

難解なものの中から「波立たせることば」を掴み取るのは相当難しいです。理解をして、脈絡を正しく追うことが困難です。けれども諦めずに理解すべく続けてください。何年か経てば、驚くほどの進歩が感じられるでしょう。「解った」時の喜びは、難度の高い技を成功させたようなものですから、ちょっと感動的なものです。

さっぱり解らないものには、気になった文章に付箋をつけて保留本として脇に置きます。そして理解力が高まった後に、もう一度取り組み、解るようなら「波立たせることば」に目立つ付箋をつけ、気になる文章には通常のものをつけます。

そうしておいて、「波立たせることば」については抜き書きをして、蔵書録に加えます。こうしておけば、いつでもその箇所に辿り着けるし、関連するものとの比較もし易いです。抜き書きをし、著者、訳者、出版情報などとともに蔵書録として保存しておけば、眺めるだけで読書履歴を再認識でき、抜き書きを追えば浅めの追体験ができます。

二度読むことによっては、前回気になった文章と、今回の比較もできます。「十年前はここが気になったのか」と不思議な感慨も味わえます。

二度読む本は、気に入ったもの、再挑戦をしたいものということですが、三度となると特に愛着を感じるものということでしょう。中には、四度、五度という執着心で読み込む偏愛ものもあり得ますが、そういう本に出合えた方は大変幸せなことだと思います。是非繰り返し訪ねて、都度新鮮な味わいを愉しんでください。

丁度良いものは「学問の香りのする新書」が手頃です。古書なら百円程度で買えますし、一週間に一冊ずつ読んでも、年間で五十冊になりますし、二十年経つと千冊にも達します。新書を百冊くらい読むと、理解する速度が上がっていること、理解の程度が深まっていることを感じます。そうなれば、読む分野が自ずから拡がって、読みたい気持ちが高まって、費やす時間が増えます。

できれば、宗教、社会などの近傍にも出かけて行ってください。食わず嫌いということもあり得ます。抵抗を乗り越えて読んでみれば、得るものは大きいです。少なくとも、政治、経済、歴史、地理、芸術に関するものは、発想力を養うにつけても欠かせない分野です。

また、宇宙、化学、地質、生物などにも是非立ち寄ってみましょう。気に入った分野については、更に深掘りをしてみましょう。知れば知るほど愉しくなります。

週一冊ならば二千冊読むのに四十年かかりますが、二冊なら半分で読めます。通勤時間に文庫か新書、昼休みに研究書や解説書、休日に数時間を費やせば、二千冊に楽に到達するでしょう。

二千冊と聞くと気が遠くなるかもしれませんが、人生百年といわれる現代人にとっては踊り場のようなものです。

百冊、三百冊、千冊と進むにつれ、明らかに読む速度も理解力も高まり、発想も格段に豊かになってゆきます。その変化を感じることは非常に楽しいものです。

ただ嫌々読むのは良くないです。何でもそうですが愉しめるからこそ継続できるのです。理解の速度が上がり、その程度が深まれば、今まで以上に良い発想が湧いてきますから、仕事も余暇も、より愉しんで取り組めるのです。

数時間の読書では、難度の高いもの、程よいもの、気楽に楽しめるもの、を二十頁程度ずつ順繰りに読みます。急斜面、中斜面、緩斜面、の極意です。

脳の鍛錬ですから強弱が大事ですし、気分転換ができ鍛錬も愉しめます。

気楽に楽しめると思われているものの代表は、小説でしょう。

文字通り楽しめるものにも、作者の奥深い仕込みが潜んでいる場合もありますし、驚きや痛快や悲哀や憂いに揺さぶられるものもあります。

似た作風のものを広く読んでゆく方もおられますし、お気に入りの作者のものを次々に制覇してゆく方もおられますが、愉しみ易い分野であり、揺さぶられることばに出会える機会も多いのではないでしょうか。

諸学者や評論家などに、小説への渾身の読み込みを通じて、感心してしまうような評論を著す方々がおられます。「ああ、そんな読みがあるのか」という驚きに、波立たされることがあり、小説は奥深い芸術領域であることを再認識できます。

芸術の代表とも言える欧州の著名な画家とその作品について、素晴らしい評論を著した方もおられますし、この分野も相当懐が深いですね。

様々な分野の本、世界中に素晴らしいものが沢山あります。

好きな著者を読み尽くしたい、という読み方もありますし、好きな作風の著書に拡げてゆく方もおられます。評価の高い著者については、二冊以上を読んでおきたいものですが、世界を見渡すと非常に大勢の魅力的な著者がおられましたし、現在活躍されている方々もおられ、大半を網羅してみたいのですが至難の業ですね。愉しみが終わるということはなさそうですので、ありがたいことだと思います。

ある分野を網羅的に読む場合には、著者毎の解説書が叢書になったものを揃えて、読む著者と著書を決めてゆくか、決めている著者がある場合には比較的安価で販売されている全集の中古を探すなど、自分に合った手法を模索してみてください。

私自身は、古書店を訪ねるのが大好きですので、分野横断的、著者横断的に探しますが、気になっているものを常時十冊くらい念頭に置いて探しています。それが見つかった時は、ほくそ笑んでしまうことがあります。

特に欲しかった上製本を見つけた時などには、家に帰る前に喫茶店に入って数十頁ほど読み始めてしまうことがあります。

腰を落ち着けて、「さあ読むぞ」という場合は次のようにすることが多いです。

前述では「同時並行で読む」と記しましたが、三冊以上六冊程度までが良いと思います。愉しみを味わえる機会を冊数の分だけ維持できますし、脳内の活躍場所が切り替わるため、気分転換にもなり、都度新鮮な気持ちで愉しめるからです。

西国の偉大な画家は、常に六枚ほどを同時並行で創作していたそうです。創作と読書は違いますが、通じるものはあるような気がします。

無理はせず、愉しく読むことを続けて戴ければ幸いです。

第七章

原語に挑み翻訳を読む

年代によっても異なるのでしょうが、日本の学校教育においては、多くの方が遅くとも中学校入学時から英語の教育を受けています。

せっかく基礎的な素養があるのだから、それを活かし、英語で創作された小説を原語で読もう、というのがこの章の内容です。

勿論、独語でも仏語でも良いですし、社会学でも倫理学でも良いのですが、英語が得意ではない私でも取り組めた手法としてご紹介します。

多くの方にとっても取り組み易いと思います。

まずは第一段階です。

難しめの英単語だけに日本語を振った小説がいくつか出版されていますので、それから始めることがお勧めです。

それらは有名な作品で、愛読者も世界中におられますので、興味深く読み進められると思いますが、既に翻訳で知っておられるものが多いかもしれません。

それでは読んでゆきましょう。

単語が並んでいる順に、書かれている状況を映像に置き直す感覚で、日本語にしないで、物語を感受してください。

日本語に置き換えないで、映像に置き換える、ような感覚です。日本語を読む場合にも、ひとつの纏まった文章にはしないで数語ずつ都度理解しておられると思いますが、それと同じように、三つから五つくらいの単語で都度了解をするように進めてください。

一頁を通して読んで、映像に置き直せない場合は、もう一度最初から繰り返します。

そのうち、繰り返す回数は減ってゆき、数頁くらい続けて読み込むことができるようになってきます。

数冊読んで慣れたら、輸入されている並製本の推理小説に取り組みます。幅広い層への訴求が狙いであるために、高い芸術性を目指す純文学のような難しい構文や単語は少ないですから、辞書を時々引く程度で読めます。読者を引き込んでゆく内容ですから、理解がし易いのではないでしょうか。

筋を予測できたり、伏線が見えたりする、これらのような解った感じを味わいましょう。

そして、翻訳との違いについて言うならば、設定された場面や鍵となる言葉への印象が、英語の方がより画像感覚的に感じられるのではないでしょうか。

辞書を引く際は、最も近いと思われる訳に赤の下線を入れ、同じ単語をもう一度引いた場合には、欄外に「正」の字か「一筆書きの星」の記号を用いて、その回数が判るようにしましょう。

単語との相性は不思議なもので、容易く長期記憶となって忘れないものから、即時的に忘れてしまうものまでもあります。

何度でも引く単語は自らに重要でありながら覚えられない、ということですし、誤ったあやふやな記憶を持ち続けているものもあります。

字面から、似ている別の単語の印象からなど、様々な思い込みがありますので、何度も同じ思い違いをすると、自分に呆れることもあります。繰り返してしまうと、誤った認識への印象が却って強くなって、また間違えるという悪循環も起こります。

また、発音が意外に思えるものには、記号に下線を入れておくと、もう一度引いた時に、その意味と併せての長期記憶にする機会になり得ます。

ここまでのところでの注意点は、原語で波立たされたところには目立つ付箋を残すことです。当然といえばそれまでなのですが、原語で読んだ場合にも「波立たせることば」に出会えます。

原語を読んで波立たされた時には、「英文からこんな感覚を得られるのか」と、感動を味わうことになります。

さて、ここから愉しみ方の本筋に入ります。

以前から気になっていたり、いつかは読みたいと思っていた英語圏の小説がある場合は、それに原語で挑み、抜き書きをします。そして翻訳を読み、また抜き書きをします。どうでしょう。訴えかけられる感覚に違いはないでしょうか。或いはこんなに似た感覚を得られるものなのか、というふうに驚く場合もあるでしょう。いずれにせよ何故か二冊で四冊分の贈り物を貰ったような気持ちになりませんか。

「波立たせることば」が同じ箇所だった場合も、全く違った箇所の場合も、新鮮な驚きを感じるのではないでしょうか。

翻訳家の素晴らしい仕事に感心したり、原語の持つ「独特な世界観」を再認識できたり、いいことばかりですよね。

特に言語の違いを意識しなくとも、複層的な見方ができたような気がしてきます。

但し、作家によっては、難しい言葉を駆使する方や、長い文章を括って倒置させる方や、難解な挿入句を頻出させる方などがおられ、いつまでたっても終止符に至らない、長文が好きな方もおられます。

あるいは、予告や章替えなく、時代や場所や登場人物などを、次々と切り替えてゆく方もおられます。日本語でも頭の切り換えが難しい物語の流れを英語で追いかけてゆくのは、相当に骨が折れます。

最初期に取り組もうとする作家が読み込みにくい場合には、無理をしないで他の作家に移りましょう。

そして、二十冊くらい熟し慣れてくれば、読み込みにくかった作家に再挑戦しましょう。慣れてくると、この難解加減が愉しみのひとつになってきます。読み込むおもしろさです。是非その段階まで鍛錬を続けて、愉しんでください。

また、先に翻訳を読んでいても、それが数年以上前であれば、原語に挑みましょう。きっと新鮮な感覚で読み進めることができます。

翻訳では特に印象に残らなかった箇所も、英文では全く違った趣で読者を迎えてくれることがあります。文字面から受ける印象は言語により大きく異なりますので、そこからも複数言語で読む醍醐味が生まれるのです。

現役の作家であれば、新作を原語で読んでおき翻訳がでるまで待つ、という愉しみ方もあります。首を長くして待つ、というあれですね。待っている期間の愉しみは、愉しみを先送りする愉しみです。ひとは不思議な生き物です。

そして、英語で読むことに慣れてくると、斜めに読むことができるようになります。

日本語でも、無意識にそうしている読み方です。

解らない言葉に出会った時でも、品詞で判別して「肯定する、否定する」「良い、悪い」「快く、苦々しく」などと、仮の想定をして読み進めているのではないでしょうか。

気になる箇所や重要に思われる文脈ならともかく、通常の部分では仮の想定で読んでも大きな問題はありません。流れに乗って、すらすら読むことにより、映像化が中断されず、本の世界に没入できるからです。

それでは、更に拡げます。

作家の在り方を追いかけた評論形式について、西洋の見立てと日本のものを味わいます。著名な作家ならば東西の夫々で複数のものに辿り着けます。同じ作家、同じ作品について、実に様々な見方ができるものだと、感心できます。あなたは、どの見方に近いでしょうか。

作家や作品の評論については、洋の東西を問わず多くの文筆家が、渾身の著作を残しておられます。

論文の類いは解釈のされ方が種々あり得ますが著者にすれば「こう読んで欲しい」との意思入れが強い分野です。それに対して小説は、勿論「こう読んで欲しい」の思いが込められてはいますが、それよりも多様な読者に多様な読み方をして欲しい、という「鮮度の高い料理の素材」のようなものであり、それだからこそ、渾身の評論作品も生まれますし、読者の愉しみも深まります。

この切り口は、小説だけではなく、絵画や音楽などの創作者についても当て嵌まります。著名な創作者については、世界各国で沢山の評論が出版されています。

第八章

自分なりの学問分布図

読書経験を積んでくると、多様な分野にその対象が拡がっていることに気づきます。計画的に拡げているわけではないのですが、読むことが別の興味を立ち上がらせているという感覚があります。

一章に、仕事や生活や読書の経験は財産となって蓄積される、と記しました。その財産は複雑に絡み合い、影響を及ぼし合い、新たな反応も起こしつつ、成長を続け、様々な方向に関心が拡がります。

この関心が次の読書に繋がってゆきますので、財産が財産を生んでゆく好循環が生まれ、分野も益々拡がることになります。

気になる分野、知りたい分野が増えてくると、それらの位置関係が、自分なりにですが定まってきているのも感じます。

学問的見地からは、それは正しい配置ではないのでしょうが、「自分なりの位置関係」が頭の中にできてきます。

私の場合は、正三角形の左下角に「宇宙」が、右下角に「神」が、頭頂角に「運動」が配置されています。

流通している書籍の殆どは学者か文筆家による著作です。そのいずれでもない一般人が「書いたもの」に対して親近感のようなものを感じて戴けたら、望外の喜びです。

少し説明をします。

全体は、一つの正三角形を成しており、その内部は四つの正三角形に分けられています。ど真ん中は、逆立ちした正三角形です。

更に各々の正三角形は、四つに分けられており、全体で十六の学をなしています。「宇宙」は左下端に置く正三角形「物理学」の最左端に位置しており、その粒度水準には全体で四十八の「自分なりの分類」を想定しており、十六の三角形の頂点にひとつずつが配置されています。但し夫々への留意度はまちまちですし、これらの抽出で良いのかと、いつも自問自答しています。

左下の四つの学には、他に「化学」「数学」「経済学」を配置し、「生物」や「医療」は、「化学」に置いています。

頭頂には「造形学」「感覚学」「音楽学」「文学」があり、「感覚学」の頂が「運動」です。ちなみに、「感覚学」には他に「料理」と「舞踏」を置いています。

右下は、「宗教学」「法学」「地理学」「歴史学」です。

真ん中は、「政治学」「工学」「人類学」「哲学」です。

「自分なりの分類」としては、異なる学問に配置していても、互いに強い関連性を感じるものは、なるべく隣同士に配置するようにしています。

「料理」の隣は、「造形学」に配置されている「映像」です。

「舞踏」の隣は、「音楽学」に配置されている「作曲」です。

「造形学」に配置されている「絵画」の隣は、「文学」に配置されている「小説」です。

「造形学」に配置されている「彫刻」の隣は、「工学」に配置されている「建築」です。

「学」についても、「分類」についても、自分の中だけで成り立つものは、何ひとつありません。

当たり前のことですが、とても重要なことです。あらゆることは、自他の関わりに意味があります。

それは無意識に、倫理的、社会的、道徳的、功利的な判断をしている、ということでもあります。

歴史を歩んできた先達の記録や、同時代に共生する「ひと」という仲間の知見や、未来を拓く子孫の要請により、多大な影響を受けて、仲間との意思疎通を通じて、私達は都度判断をしていますし、そもそも他者がいなければ生きている意味はありません。

数人であれば「あうんの呼吸」で過ごせることも、集団化すると組織的な運営が必要になってきます。自給自足できる地域は極めて少ないでしょうから、組織間で「ものごと」を進める際には、社会的な、政治的な、経済的な、法的な、やり取りも必要です。

好むと好まざるとにかかわらず、何らかの組織に所属し、社会的な役割を担い、何らかの交渉をせざるを得ないのが「ひと」という生き物ではないでしょうか。

「税金を払って身の安全を確保するほど安いものはない」という主旨を唱えた方がおられましたが、暴力装置でもある国家によって保護を受けることのない暮らし、という仮想も現実的ではなく、考えにくいものです。

個人の間、組織の間において、ものごとを進めるためには、相手方を説得し合う構図が生まれます。

剛腕に説き伏せられる、でもなく、相手を言い包める、でもなく、双方が納得することが望ましいのです。相手の立場を慮りながら、色々な方向から課題を睨んで、説得可能な道程を創る、ということでしょうか。

そうなってくると、四方八方からの切り口で、ものごとを見なければなりません。

双方の立ち位置を比較します。

歴史的、地理的、交通的な要因はどうか。

経済的、政治的な前提条件はどうか。

現在の外部環境変化はどうか。

技術開発の可能性はどうか。

安全や保健や遵法の観点から問題はないか。

社会全体の判断として、どのような方向性が求められているか、など。

そして、できれば相手が「ある程度言い分が通った」と納得できるような解決策を創出したいですね。

俗に「ものの言い方」と言われますが、正面から誠実に語れば真意は通じる筈です。

同時代を共に生活する者同士です。諦めずに粘り強く進めましょう。

第三者が立ち会った場合にどちらかの勝ちに見えるとしても、当事者である双方が納得できれば良いのです。

力で押さえつけた解決は、実態としては火種を残したままの一時休戦である場合が多く、強い不満が恨みとなって、更に面倒な事態を引き起こす恐れもあります。

少なくとも、「やむを得ない状況下の判断としての了承」を得ましょう。

家族や友人の間には「面倒な事態」は起こらないだろうと思われるでしょうが、親しいからこそ、思い込みによる勘違いが起こり易いという側面もあります。

他者がいなければ生きている意味はありません。

同時代の「ひと」と共に、苦難も乗り越えましょう。


分布図に戻ります。

この図は極めて個人用途の強いものですので、いつでもどのようにでも改変が可能です。私も、時々「分類名称」自体を変更したり、その位置を入れ替えたりしています。

では用途ですが、「自分なりのありよう」で仕事や生活を愉しむために、自己流体系図を描いておけば、頭の中が整頓され、様々な「もの」や「こと」を理解したり、関係性を認識することが容易になる、というものです。

分布図に表そうとすると、全体像と位置関係について体系的に検討することになります。これは鍛錬にもなるので、試しに作成をしてみてください。どんな学と分類をいくつ抽出するか、どこに配置するか、などに迷うものですが、何度もその試行錯誤をするからこそ、鍛えられるのです。

或いは、いざ具体的に纏めようという段階になると、認識が曖昧なものが沢山あることに気づきます。

この「気づき」が良い感覚なのです。

そして、自分なりのやり方で纏めることが重要ですので、前述の例は忘れて、独創的な分布図を描いてみましょう。

第九章

創る文章に独自基準を

更に鍛錬を進めるため、文章を創る際に「縛り」を設ける方法を提案します。

芸術作品を創る場合には「縛り」はご法度でしょうが、鍛えるためならば極めて有効な関所として機能します。

制限を設けた方が想像力や捻出力が高まります。

より有効に鍛えるためには、仕事でも、生活でも、文字を記す際には全て適用するのがお勧めです。

お一人お一人が独自の基準で進めてゆけば良いのですが、それを決める際の参考として、私の事例を記します。

まずは、第一段階です。

ひとつの連文節中に格助詞「の」を頻出させることを禁じます。

「今日の弁当のおかずの種類の少なさは」というような、あれです。これより更に複雑な状況もありますが、内容を解して、別の言い方に改めましょう。

ひとつの文中に同じ言葉を重ねて記すことを禁じます。但し、強調する効果を狙っての「畳みかけ」については、「縛り」の適用外とします。

何気なく言葉を連ねてゆくと、ついついこれらを頻出させてしまいますので、留意して表現し直すことによって、より読み易い文章になります。

次は、一行の文字数を決めます。

ちなみに、この本では四十文字に設定しています。

仕事で使う通信では、二十四文字や三十文字などと決めた文字数で、箇条書きの内容を揃えることなどによって、言葉の用い方を磨くことができます。

全体を揃えるのも一興ですが、言いたいこと、箇条書きの部分だけは、一文字減らして頭に空白を設け、採番をして強調するのも良い方法です。

但し一行完結に固執すると、内容が伝わらない可能性もありますので、難しい場合には無理をせずに、二行で確実に伝えるようにしましょう。

統一感を追求し「縛り」を厳しくしすぎると、本末転倒の事態にもなりかねませんのでご注意ください。

私的な通信においては、一行毎に一文字ずつ増やしてゆくなどの「遊び」を加えるのも楽しいですね。

もっとも、この分野では既に様々な魅せ方の工夫をされているかもしれませんが。

そして、鍛錬のためには、一行文字数によって単語が分割されることを禁じます。

単語の途中で改行しない、ということです。

これを守ろうとすると、言葉の交換が必要になりますので、「言いたい主旨を変えずに別の単語に置き換える」ことになり、思いついた通りに言葉を配置するよりも、一手間がかかります。しかしこれは、工夫を愉しむことにも繋がります。

殆どの場合は「よって」でも「より」でも適用できますし、「場合」と「際」も交換が可能です。

類語で置き直す他にも、目的語を主語にもってくるとか、短文化する、逆に一文を長めに変更する、など種々試してください。

何だか面倒だ、と思われるでしょうが、そんなに時間はかかりません。

むしろ、言葉の海から何を汲み上げるかに、面白みさえ感じます。

単語の非分割に慣れてくると、言葉の使い方に余裕が生まれます。

如何様にでも長さを整えられるという自信に繋がります。

仕事も生活も、文章に記さない場合でも、言葉を発することによって成り立ちますので、最適と思われるものを瞬間的に選び出して使えることは、非常に有益です。

どの内容から始めるか、どの言葉をどういう順序で並べるか、どういう強調を加えるか、生活をするということは、言葉を組み立てることでもあるのです。

芸術作品でない場合は、一文を冗長にしないことが、相手側の理解を助け、こちら側の意図を伝え易くするように思えます。

「短いけれど必要十分な内容」を記す、ということでしょうか。

最後に、「文章を創ることは、推敲すること」について記します。

鍛錬の話ですから、要は、仕事であれ日常生活であれ言葉を記す際には推敲を繰り返す、ということなのです。

見直せば、何かに気づきます。そして、より良い表現を思いつきます。

一回見直して気づかないことに二回目で気づく、ということにも何度も遭遇します。

「練る」ということは、『むらのないようにこねて固める』こと、でもあるのですから、一度や二度では、むらはなくならない、ということなのです。

そして気をつけなければならないのは、あたりまえではありますが「慌てて発信すると間違える」ということです。

書き終えていないのに発信してしまったり、誤って変換された場違いな言葉を送ったり、誰しも経験がありますよね。

「急がば回れ」なのですね。

急いでいるはずが、不適切な内容を送ってしまって、却って余計な修復作業に追われる。

見直しは自らを救ってくれます。

第十章

何を聴いても発想湧出

「自習」の最後は、「ありたい姿への導引」を目指します。

仕事でも、日常生活でも、魅力的な発想を周りの他者に提示できれば、役に立てますし、それが採用されれば「より貢献できる」ことになります。

企画立案はそれ自体で愉しみに繋がります。

「思いつく」ということは愉しいことです。

発想湧出のための構えとして、何点か提案します。

まず第一に、「発想の種」になりそうな言葉に出会ったら、忘れないように手帳や端末などに記録しておくことです。

「これは面白いかも」と小躍りをした後で、「あれ、なんだったかな」とすっかり忘れて地団太を踏んだ覚えが、多くの方にあると思います。

悔しいですよね。解ります。

逃がした魚は大き過ぎます。

次に、「発想の芽」と感じられるものが浮かんだら、余程急ぎの用件以外は傍らに置き、それを一気に育てて「風にも倒れない根と茎と葉」にしましょう。

ここまで育てておけば、将来に採用されるかどうかはともかく、自分の中では安心感とともに保管しておけます。くどいのですが、必要な時に呼び出せるように、育てたものは箇条書きで記録しておいてください。

そして、企画立案をすべき時に「種」や「芽」を得た場合は、一息に育て、麗しい花を咲かせましょう。

良い発想に導かれた企画は、受け入れられる可能性が高く、良い結果に繋がり易いので、寸暇を惜しんで提案と説得と実行を行い、一挙に結実まで漕ぎ着けましょう。

ここだ、という時機を逃さずに自分を追い込んでください。

情報に対する構えとしては、「このものごとは何の役に立つか」という観点で受容することが重要です。

常に応用を考え、他の情報と衝突させることで化学変化を起こせないか、逆さまに見て何を感じ取れるか、全く別の分野で使えないか、などと捻くり回しましょう。

こういった構えで「ものごと」に接すれば、課題にぶつけて火花を得ることも可能です。

ところで、あなたを取り巻く廻りの諸状況は偶有的なものです。

三日後には違ったものになっています。

偶有性は、奥深いものです。

ひとが、そこに生まれたこと自体が偶有的です。

こうでなければならなかった訳ではないのです。

それは数えきれない因子夫々の複雑な関係性で成り立っていますし、それらは常に脈動していますし、時にはもっと大きな変動が起こります。

更には、あなた自身の環境への関わり方も、様々な事由で刻々と変化します。

あなたの都合で変えざるを得ない場合もありますし、外部環境の変化に応じそれらとの関係を改めざるを得ない場合もあります。

勿論、あなたの方から関係を組み替えることもあるでしょう。

また他方では、そもそも、あなたにとっての世間と私のそれとは違います。

一人ひとり世間の捉え方が異なりますし、関係性も夫々異なります。

ということは、同じ環境に居るように見える人々も、「ものごと」への処し方はかなり違うと考えるべきです。

何かの課題を抱える時、各人の偶有性に違いがあり個別性と全体性の振幅も睨むならば、次の一手は、多方面に多様性を持つということです。

可能性はあらゆる方向に拡がっています。

独創性を活かせる機会が、そこにあります。

「自分なりのありよう」で生み出せる個性的な発想を活かしましょう。

新しい情報を得た時に、どの課題のどの因子にぶつけるかで化学反応で生まれるものが変わってきます。

第三成分が反応に厚みを齎すこともありますし、別の要素が触媒となって反応を進めることもあります。

新たな活動で感じたものを読書で得られている言葉と掻き混ぜて何かを創る、今読んでいる本によって波立たされたものを過去の経験値にぶつけて反応を起こすなど、種々試し、感覚を掴みましょう。

この素材とその香味をあの調理で仕上げたら、きっと美味いものができるという、予感がするのに似た感覚を味わいましょう。

問題の要素を細分化して見えてくるものと、全体を見渡してのそれとは相当異なります。因子同士や、それらと人間との関係も複雑ですので、様々な切り口の解決策がある得るということです。

新しい情報や発想の種を、細分化した因子にそのまま、或いは変形させて組み込みます。

または、それを全体像に組み合わせてみます。

何か新しい機能や効果が期待できませんか。

今まで見向きもしなかった層への訴求の可能性はありませんか。

これらの手法を、独自の発想を活かせる多様性、と捉えると愉しくなってきます。

第三部

規　範

第十一章

神は宇宙を生む力の素

突然、不思議な題目を掲げられて、眉を顰めた方もおられるでしょうが、難しい話ではありません。

一三八億年前に宇宙は生まれ、以来拡大を続けているそうですが、熱力学の第二法則に倣って、より無秩序な姿になろうとしているのでしょうか。

いったいいつまで膨張するのでしょう。

最も拡がった周縁の外には何があるのでしょう。

起源の前には何があったのでしょう。

宇宙のことを思うと、眠れなくなるほど不思議ですよね。

そして、宇宙に限らず、太陽、大地、大海に人間は翻弄されてきました。

歴史を遡って、科学的な検討ができなかった時代における「不思議」の遠大さを思うと、現代とは全く異次元のものだった気がします。

地震が、雷が、竜巻が、天の怒りに思えて当然ですし、日食や月食に至っては、呪いをかけられていると感じたのではないでしょうか。

そもそも、太古の人類からすれば、雲も虹も波も自然現象は尽く不思議です。

自然の波動は、ひとびとを戸惑わせます。

飢饉に襲われた人々は、天を仰ぎ好転を乞うたでしょうし、呪術師も早くから登場したことでしょう。

呪術師や占い師は、最も古い職業のひとつかもしれません。

人々の苦悩に応える諸宗教についても、赦しを願い祈るもの、悟りに消ろうとするもの、道理に教えを乞うもの、などがあって、約七千といわれる言語の数よりも更に多いのではないでしょうか。

ひとは、本当に困った時には祈ることしかできません。

努力をし尽くしたと思える時でも、どうしても何とかして欲しいと手を合わせるのです。

自身や家族の健康など重大な問題については、祈る以外に残る手立てはありません。

宗教とは、慈善行為です。

だからこそ、ひとびとが救いを求めて集まるのです。

神の子が困窮や病に苦しむ人々を救うべく彼らを訪ね歩いたことに倣うものが真っ先に頭に浮かびます。

宗教者は「慈善行為をしたい」という崇高な思いに突き動かされた方です。

信者は信仰を持つ方ですが、志納については収入の一割までなど、法規制をすべきです。

宗教者には、受けた志納について「どういう慈善行為に使ったか」を含めて、収支報告を義務づけるべきです。

科学の知見により、地球の大地や生き物が造物主に創られたものではないことは誰しも理解していると思います。

しかし、宇宙全体となるとどうでしょう。

一三八億年前に一点から爆発的に膨張した宇宙は、始原時に全熱量を集めるとするなら、十次元の世界であったとされています。

五次元でさえ全く想像できないのですが、十次元です。

このような途方もない規模の物語を思うと、全宇宙の熱量を生み出せるのは、神である、としか想定しようがありません。

五次元から十次元は紐状に折り畳まれている、とも言われていますが、不可思議の度が大き過ぎて、全く想像ができません。

ここで最初の疑問点に戻りましょう。

宇宙の膨張は無限に続くのか、収縮に転じるのか、それとも。科学の知見はまだ結論に達していないようです。

宇宙の果てには更にその外側があるのか。これにも未だ定まった見解はないようですが、異なる時間や素粒子の体系を持つ無数の泡宇宙が、押し合いへし合いしている様相が想定されているようです。

宇宙の起源に先立つものは何か。

これについては、宇宙が始まったことで時間も生まれたのでしょうから、それ以前には時は流れていないので、「前宇宙の概念はない」ということではないでしょうか。

しかしこれも、無数の宇宙が加速膨張をしているのなら、そうは言えなくなります。

いずれにせよ、量子の世界が開かれて以降の現在であっても、宇宙の全貌は、まだまだ霧の中にあると言わざるを得ません。

ただ、科学者たちは貪欲な研究を続けており、近い将来に驚くような発見が報道される可能性も高いように思います。

数式で表されようとしている宇宙物理学、というものは文系の私に理解できないものの、間違いなく憧れの分野です。研究の進展に期待したいです。

私の感覚では、宇宙は手袋の表と裏に近いのではないかと思っています。

この宇宙の内側と外側とは、手袋を裏返すことではないでしょうか。裏を宇宙とすれば、表は無限です。泡が潰れることがあるとするならば、また表と裏が入れ替わる。

物理の突端に宇宙があり、その反対側で、宗教の突端に神を見いだす。

神は宇宙を生む力の素。そんな気がしてなりません。

無の境地、無限の観念、これは宇宙にも通じる深淵です。

第十二章 理性と感情の層別振幅

掲題の内容に入る前に、もう一つの要素である「本能」についてみておきましょう。

まず基盤となるものが、食欲、睡眠欲など生き物として必然的なもの。これについては、
ここでは確認するに留めます。

共通認識化したいのは、社会的なものです。

人間は一人では生きてゆけませんので、集団への帰属欲があります。

これは、所属さえすれば良いというよりも、肯定的に受け入れられたいというものです。

その集団に好意的に迎え入れられているかどうかであり、奥が深いと言えます。

小さな集団であるほど、良好な関係であるかどうかが、心の安寧を決めます。

こどもは家族や学級を選べません。

「嫌なら行かなくてよい」「所属を変えても良い」と言われるようになってきましたが、
現実的には、なかなかそうはゆかない家庭が多いのではないでしょうか。

集団がその成員一人ひとりを好意的に迎え入れるということが、とても大事です。

また、帰属欲を一歩進めた是認欲もあります。

他者に認めて欲しい、他者に尊敬されていると自認したい、というもので、自他ともに賞賛を得たい欲求です。

更には、優越欲というものがあります。

他者よりも自分が優れていると思いたいのならば自己満足で済みますが、客観的な指標としても良い位置につけたいという欲求であり、やっかいなものです。

似て非なるものには、実現欲と貢献欲があります。

いずれも他者の評価とは関わりなく、自らが求める方向に自分を導きたい、社会に貢献したいというもので、特に後者は精神的な面も含めて見返りを求めない贈与的欲求であり、崇高な次元にあります。

一方で、心身の安全を集団や社会に求める欲求もあります。

さて、主題に入ります。

皆さんが普段感じる通り、日々を理性と感情の振幅に暮らしている筈です。

性格としてみた場合、より理性的なひと、より感情的なひと、のような傾向があります。

しかしながら、どの分野においても理性的に振る舞う、何にでも感情的になる、という方は少ないと思います。

ということは、無意識にでしょうが、対象によって、対処の仕方が変わるのです。

更には、どれくらいの分野に対して拘りを持つか、という違いがあります。

幅広い分野に拘る、つまり常態的に反論を掲げる方と、殆どの分野に拘らない、いつも穏やかな方では、相当な違いがあります。

但し、滅多に拘らない方が行う反論はそれなりに強烈でありうる、ということもあるでしょう。

そして、不思議なことに、日々の事柄毎に、都度、自動的に、理性的な判断と感情的なそれへの振れ幅が決まるのです。

尤も、厄介なのは、時々の精神状態により、同じ事柄が起こったとしても、対処判断が異なる可能性があるということです。

普段なら何事もなく聞ける内容が、虫の居所が悪い場合には、「なぜあんなに強く反論したのか」と後から不思議に思えることもあります。

これは、親密度への甘えの構造が引き起こします。

家族や親しい友人など、距離が近い人物であればあるほど、反論の強度が上がり、後に振り返ると、「なぜあんなにも思ってないほどに拒否したのだろう」と反省をすることも起こり得ます。

この反応は、誤解を与えるものではありますが、潜在的に不満のある要素が必要以上に強く焙り出された側面でもあり、「火種が暴発した」とも「抑圧が解放された」とも解釈できます。

「言うべき分野に物申しただけ」と思える時でも、何となく後味が悪かったりします。ましてや、必要以上にやってしまった際には、自己嫌悪にも陥ります。

全体平均として、理性への振幅幅を大きく、感情へのそれを小さくすることで、日常を健やかに過ごし易くなります。

まず、対処方法への拘りを小さくすれば、感情への振れ幅を抑えられます。

「やり方は人それぞれであり多様性を認めよう」と決めるだけで、楽になります。

節減など、やり方そのものが結果を左右する課題については、自分の考え方は明らかにしつつ、他者の多様性には理解を示す、というところでしょうか。

拘りたい分野や問題については、自分の中で明確にしておき、「どこまで主張するか」についても予め限度を決めておいた方が良さそうです。

どこよりもゆったりと過ごせる場所は、家庭です。

「素の自分が晒せる場が家庭だ」と思いますが、「親しき仲にも少しは礼を用いるべき」

とも思います。

家族に対しては、時に激昂した憤慨も表せますが、その他の人々に対しては難しいです。

拘りたい分野や問題が多過ぎる方は、「生き辛い」のではないでしょうか。

第十三章　苦悩を減ずる順序とは

ひとびとの苦悩には様々なものがあります。

持続可能な開発目標には次の十七項目が活動の対象として並んでいます。

困窮、飢餓、健康と福祉、良質な教育、社会文化的な性別、安全な水と手洗い、清浄な熱量、労働環境と経済成長、産業基盤、不平等、持続可能なまち、消費と生産、気候変動、海の生態系、陸の生態系、平和と正義、目標への協力関係。

貧困をなくすと良くなる指標が多く、可及的速やかに改善を進めなければなりません。

次に生態系など環境の指標が続きます。

更には世界の安寧を目指す指標が、そして平等です。

山積する問題について、どういう順序で取り組むべきでしょうか。

国々の現況から見れば、貧困、安寧、平等、環境でしょうし、未来の子孫を臨むならば、環境の順位はもっと上がるでしょう。

いずれにせよ、万人が合意できる順序づけはできないとすれば、苦悩を減ずるためには、

「貧困をなくし安寧をきずく」を人類共通の最優先課題とし取り組みながら、平等と環境についても同時並行的に漸進的に改善する、ということになりましょう。

国際連合については、機能不全を指摘する声も沢山ありますが、現時点ではあれだけの国々が名を連ねる組織は他にはなく、これを盛り立ててゆくより他の代替方策はありません。

寄付金の使い道については、百件程度の具体的な細かい用途を記した計画が公表されて、どの計画にいくら渡すかを随意に選べるようにすべきです。

但し、それが使われる国や地域は選べないようにします。

また、各々の計画については、一年に一回程度は進捗を公表し、寄付する方々の期待にどのくらい応えられているかを示すことが必要です。

そして、国際連合は現場の改善度について公正な立場での報道を指導すべきです。

どの国と地域にいくらの寄付金が渡ったかは、組織が定期的に公表します。

富んだ国や地域や住民は、困窮する人々を支援すべきです。

寄付の体系が透明になれば、支援の輪は拡がります。

からだの安寧については、国際連合加盟国の「武力による現状変更を許さない」ことの宣誓を前提にすべきです。

武力衝突を想定する方は、ご自身や身内が戦場に行くことも考慮されているでしょうか。軍事訓練を受けた方々だけではなく、性別や年齢にかかわらず動ける人は誰もが部隊に取り込まれる可能性があります。

一方的に攻め込んだ国では、経済制裁が強まる中でも富裕層たちを先頭に続々と国外へ脱出しています。

権勢が独占された国内では、住民が犠牲者である側面がありますが、攻め込まれた国や脱出できない人々からすれば、違和感があるでしょう。

地球にあるすべての国と地域と住民は、「武力による現状変更を許さない」ことを宣誓すべきです。

こころの安寧については、自治体に「駆け込み寺のような逃げ場所」を設置すべきです。自治体は公僕なのですから、悩みを抱える住民たちを、ひとに安心感を与える懐の深さで、慈善の心持で、迎え入れるべきです。

権勢を握る最上層部、そこに阿る取り巻きたち、彼らの権勢を永続させようと奮闘する官僚たち。抑圧を開放すべきである国の指導者たちが、権勢にしがみついている様は滑稽であり、彼らが抑圧側の立場になってしまっています。

今からでも決して遅くはありません。

貧困を撲滅し、安寧と平等を実現し、環境を保全すべく、住民からの税を最大限活用し、社会を牽引してください。

既にお気づきだとは思いますが、平等と環境については、生活者一人ひとりの心がけが大きく寄与する分野です。

権勢の責任だけを追及するのではなく、自らができることを漸進的に実践しましょう。

さて、苦悩を減ずる順序ですが、自身に対し処する際と、他者を対象にする場合とでは、少し違いがあるような気がします。

まず、自身に対し冷静に状況分析ができる場合には、苦悩はあっても精神の袋小路には嵌まり込んでいない、と思われます。

苦悩の原因を捨て去ることができるのかどうかなど、理性的に判断ができそうです。

家族や友人にも相談をしましょう。

自身の現況認識が混沌としている場合、迷わず専門家にその苦悩を伝えましょう。

早ければ早いほど、処方箋は効果を発揮します。

次に他者の苦悩についてです。

傍で見ていて「苦悩に覆いかぶさられ身動きができないのでは」と感じたら、専門家へ相談することを勧めたいですね。

専門家にも、保健所職員や自治体相談窓口の方や看護師や産業医や専門医など多方面に様々な関係者がおられます。

また、面談ではなく通信環境下で聴いて下さる方もおられますので、ご本人の状態次第では検討してみてはどうでしょうか。

一方、他者の苦悩の原因について自他ともに推定できるなら、改善したい姿と現況との乖離を生み出している条件を抽出し、それを取り除くための障害が何かを特定します。

ここで重要なのは、急がないことです。

ご本人が納得できない対策を無理強いしてはなりません。

そして、段階的に漸進的に里程標を立てながら進むことです。

家庭や学級や部活動や仕事場や趣味会や地域社会など、所属する集団との関係性によるものなのかどうか。

ご本人が単独で対処可能なものなのかどうか。

社会が支援しなければならないものなのかどうか。

まずは、困っておられる方の状況に共感することが肝心です。

ひとは、「私の気持ちを理解してくれた」と感じると、重荷の半分を降ろせます。

集団の大きさにかかわらず、権勢を掌握する人物による抑圧が苦悩の原因である場合に、どのような対処をすべきでしょうか。

誰の目にも明らかな違法性があれば、通報により改善の道が開けるでしょう。

ただ、この場合にも、決定的な証左が確保されていないと、関係者間で堂々巡りをする可能性があります。

苦悩の原因や発現の条件は、ご本人にしか解らない毒を秘めている場合があります。「なんだ大したことないじゃないか」と笑い飛ばしたくなるような情景描写にも、特定の感受性からすれば到底許容できない、という要素があり得ます。

とにかく、「この人は何に困っているのか」「苦悩の元になっている毒は何か」「何が抑圧に思えるのか」と、その方になった気持ちで「共感」を見つけてください。

相談した相手に自分の気持ちが理解されれば、好転への機会を創ることができます。「自分の気持ちは他者に解らない」となれば、苦悩の中に閉じこもる可能性があり、他者を無意識に排除する方向に進んでしまう恐れがあります。

そうならないために、「聴く力」が大切です。

苦悩を抱える方が、家族だと考えましょう。

話せる雰囲気、期待を持てる環境づくり、さりげない一言。

多様性を受け入れる気持ちが、それらを育みます。
王道はありません。
これらのことも漸進的に良いものにしたいですね。

第十四章

目的地の死は明日かも

宇宙が沢山生まれて、押し合いへし合いして。

そんな物差しからすれば、超銀河団でさえも天の川も太陽系も、ましてや諸惑星などはちっぽけで、地球上の生物は儚い「いのち」です。

それでも、いつかどこかの宇宙に「人類のような生命」が発生する可能性はありますし、既にどこかに「亜人類」や「超人類」が居るかもしれません。

では、人間に目を向けてみましょう。

地球の行く末だけから見ても、人間は次の氷河期にも生き残るでしょうし、少なくとも自らの子孫と思える世代には、今よりも良い社会を引き継ぎたいですね。

ひとは漠然と自他の寿命を「平均前後」と想定しながら生きています。

しかし、そこは平均の平均たるところです。百歳を祝うことも、乳児で亡くなる場合もあります。あたりまえです。

一人ひとりは、いつまで生きるのか全く分からないのです。

大病を乗り越えた人が米寿を祝われることもありますし、殆ど医者に会わずに過ごした現役職場の最盛期に事故で命を落とすこともあります。

つまり、死ぬのは三十年後かもしれないし、明日かもしれないのです。

そして、更に言うならば、人生の目的地は「死」なのです。

あたりまえですが。

あらゆる人々が死を目的地として、日々を過ごしています。

崇高なことです。

『食のみに生きているわけではない』という垂訓がありますが、今困窮を極める方々からすれば、大きなお世話かもしれません。

貧困を失くす取り組みは、何よりも優先されるべきです。

『衣食足りて礼節を知る』という言葉もあります。

『健康で文化的な最低限度の生活』は、とても重要なのです。

また、地球全体最適を目指した「今日より明日を良くする」活動を継続的に実践するということは、子孫に良い社会を残すことに繋がります。

子供や孫が遺伝子を通じて繋がって今までの実践を引き継いでくれるだろう、と考える向きもありますが、そもそも我々にとって、一人ひとりの遺伝子配列は若干異なるものの、その程度は約千分の一と極めて小さいのです。

したがって、血縁などという小さな拘りよりも「共通種としての未来人」に想いを馳せ、人間全体を子孫として応援するという考えの方が生産的ではないでしょうか。

更に「いきもののための地球全体最適」とすれば、気候変動を抑え生態系を守るという国際連合の呼びかけにも合致します。

「自分一人が齷齪しても」との思いも良く理解できますが、目先の対象だけにではなく、次の千年紀やもっともっと先に生きる「共通種としての未来人」を考えれば、一人ひとりが今どう振る舞うかが大きな影響を及ぼします。

賛否はあるでしょうが、人間全体の歩みは「今日より明日を良くする」方向に少しずつ修正されてきていると思います。

匙を投げればそこで終わります。

「何もやらないより気づいたことだけ少しずつ」後戻りをしないように漸進的に生活するだけです。

多くを目指すと疲れるし長続きしません。

さあ、自分自身について考えましょう。

「三十年後かもしれないし、明日かもしれない」目的地が死なのですから、明確なのは、今日を愉しむことが大切ということです。

愉しみに待った旅に行くのも大切。

何もない平凡過ぎる一日も大切。

危機への切羽詰まった対応も大切。

仕事編でも自習編でも「愉しみ」を例示しました。

自分に負荷をかけることでも愉しめます。そして負荷は愉しむための背景にもなります。

何も考えないでただ寝転がるのも良いですね。雲が色々な形を見せながら流れてゆきます。

何をしていても今日を愉しめば良いのです。ある程度の健康と購買力があれば愉しめます。

そうでない状況の方は祈りましょう。誰かに助けを求めましょう。役所が慈善団体を紹介してくれます。健康を取り戻した経験談を聴かせてくれます。公的な生活支援もあります。

そして苦悩を抱えた人の話を聴きましょう。その方に共感できるまで時間をかけましょう。

色々な方法があります。

「自分なりのありよう」で今日を過ごしましょう。

人生の目的地は死なのです。

目的地は三十年後かもしれないし明日かもしれないのです。

それで良いのではないでしょうか。

それで良いように過ごせば良いのです。
可能性は拡がっています。
すべての人に。

第十五章

地域と生活者の未来に

「今日より明日を良くする」と何度も記してきましたが、余程親しい間柄でないならば、次の話題に対しては取り扱いが難しいですね。

防衛、憲法、福祉。

冷静に話すつもりでも次第に力が入って譲れない持論を強弁してしまう、そんなことになる可能性があります。

年金、教育、自治、あたりだと、そう気を使わなくても話題にできそうです。

政治的な立場は、一人ひとり微妙にであったり全くであったり、異なります。

同じ政党の議員でも、一つ一つの問題については見方に相当な幅がありそうです。

全員が違った見解を持つとしても過言ではないでしょう。

生活者としての私たちから見れば、個々の政治的問題に対する持論はあるのでしょうが、それを「積極的には展開し辛い」と感じているのではないでしょうか。

具現化しようとする場合の制約条件はかなり厳しく、時間的にも気力的にも資金的にも、自らが取り組むことは極めて難しいと言わざるを得ません。

政治家や政党を応援することは勿論可能ですが、間接的ですし、夫々が「私の見解」をそのまま展開してくれる筈もありません。

全員が違った見解を持つのです。

そこで、見解を纏めることが難しい問題に対しては間接的関与をするまでに留めておき、「収斂できる対策」に焦点を絞りましょう。

具体的な課題に対して「収斂できる対策」が設定できるものでしょうか。

どんなものに対しても設定できるとは限りませんが、「狭い地域における限定的な課題」であれば、可能性があります。

そして、「今日より明日を良くする」漸進的な対策であれば、七割の支持を得ることも、可能性としてあります。

報道でも議論される大きな問題に七割の支持を得る対策は、設定すらできません。

個人の描く理想は十人十色だからです。

大きい問題に対して、ひとは理想像を設定したがります。

「狭い地域における限定的な課題」に、「今日より明日を良くする」漸進的な対策を設定すれば、六割から七割の支持を取りつけられる可能性があります。

「ありたい姿」や「あるべき姿」を議論することは大切ですが、纏まりません。今より少しでも良くしたい、の積み重ねで迂路かもしれないけれど時間をかけて確実に進展させる方法を志向します。

理想には遠くても、今より良くなります。

少し具体的な中身を例示してゆきます。

課題の選定についてです。

お住まいの廻りを見渡してください。

改善したいものごとはありませんか。

子どもを通じたお母さんやお父さんの会や、自治会で特に仲の良い人との集まりなどで、「駅前のあそこが危ないよね」とか「緑道に敷石を設けたいね」など、共通の関心事かもしれない話を振ってみてください。

話してみると、曲がってきた車両が減速せず危ないのは横断歩道の傍に違法駐車があり歩行者が見えにくいことが真因ではないかとの発言があったり、敷石は設置場所の合意が難しいから緑道の特に水捌けが悪い箇所に排水溝を埋めて水溜まりを減らしてはどうかというような意見が出てきたりします。

はたまた、全く違った観点から。

同じ世代が構成する家族ばかりが住んでいて、同時に老いてゆくため新陳代謝できない地域があります。

「少しずつ世帯の入れ替わりがあることにより様々な世代が混住したいのだがどうすれば良いのだろうか」

これらの課題は、いずれも身近なものであり、関心も高く、「今日より明日を良くする」もので改善を進められそうです。

後者の課題は少し構造的ですが、住民の多くが高い関心を持っており、細かな里程標を提示できれば、最初の数歩は進められる可能性があります。

十数人程度の意見交換会で七割の支持を集める対策案ができたら、いくつかの自治会に検討してもらい、そこでも六割を確保できるようであれば、住民提案として市町村や区に持ちかけてはどうでしょう。

親身に話を聴いてくれる役所の方や議員に巡り会えれば前に進む可能性があります。

陳情は直接民主主義の一形態です。

自治会の数を増やすなどして署名する住民が膨れ上がれば、大きな推力になる可能性があります。

「狭い地域における限定的な課題」に、「今日より明日を良くする」漸進的な試案により六割以上の支持を得ることが鍵です。

これより大きな問題になりますと、党派性を帯びたり利害対立が現前化したりするなど、争点化され政治になります。

今般紹介しているような対象域では、党派や主義主張などの政治的な立場を問わないで進められる可能性があります。

一人ひとりの政治的意思表明など聴かないでも決められるものに限ります。裏を返せば、どんな政治的立場を持つ人々も掬い取れるものが、身近で漸進的な施策ということになります。

この取り組み方は、大きな問題から逃げているのではありません。良い意味で先延ばしするのです。

漸進的に図れば、いつか生活者の日常として大きな問題にも取り組める、土壌ができることを目指して、焦らずに少しずつ良くするということなのです。

その地域の未来に住むひとびとが今より良い環境で暮らせるように整えることは、地球全体の未来を良くすることに繫がります。

遠い地域で生活苦を抱える人々には寄付という間接的な支援を、検討すれば良いのではないかと思います。

勿論、検討できる人だけが考えれば良いのです。

「臨場感を持ち難い問題であっても取り組まねばならない」という自責的な課題設定は、胸中に息苦しさを生み身近な対策の検討さえも鈍らせる可能性があります。

近隣の確認であれ、漸進的な対策であれ、遠方への寄付であれ、「せねばならない」と考えないことです。

自分を強制すると苦しくなります。

無理をしても続きません。

生活を愉しむことを基本にしつつ、精神的、肉体的、資金的に、ある程度の余裕を確保できる範囲内で「今日より明日を良くする」小さなことでも少しずつでも試行できるなら十分だと思います。

実社会にでようとする方々や既に活躍されている方々におかれましては、我を張らずに「自分なりのありよう」は保ちながら、生活者として日々を愉しむことを第一義にしつつ、できる範囲内で「今日より明日を良くする」ことを志向されてはどうかと思います。

過去も未来も現在にしかありませんので、学ぼうとしない過去も創ろうとしない未来も意味がありません。

そして、世界と言われることも多い世間ですが、様々な役割を果たそうとされる方々が夫々の切り口で絡んでこられます。

作者は監督と役者と観客を睨み、監督や役者や観客は夫々の眼で「世間という芝居」を観ています。

創り手は役者に意図を酌んだ入魂の演技力を求め、観客には客観的な眼差しを堅持するように期待を込めています。

わたしたちは、創り手であったり、役者であったり、観客であったりします。

わたくしの提言を一口で申し上げますと、『漸進のすすめ』です。

寺本　秀行（てらもと　ひでゆき）

1961年７月14日　大阪府生まれ
1984年３月31日　同志社大学法学部政治学科卒業

漸進のすすめ

実社会にでようとするひとへの応援歌

2023年２月23日　初版第１刷発行

著　　者　寺本秀行
発 行 者　中田典昭
発 行 所　東京図書出版
発行発売　株式会社 リフレ出版
〒112-0001　東京都文京区白山 5-4-1-2F
電話 (03)6772-7906　FAX 0120-41-8080
印　　刷　株式会社 ブレイン

ISBN978-4-86641-609-0 C0095
Printed in Japan 2023